パワーストーンの
小さな事典

心と身体の健康をかなえる
17の石のお話

ジュディ・ホール 著
Lurrie Yu 訳

プレジデント社

THE LITTLE BOOK OF CRYSTALS
By Judy Hall
First published in Great Britain by Gaia,
a division of Octopus Publishing Group Ltd, Carmelite House,
50 Victoria Embankment, London EC4Y 0DZ
Text copyright ©Judy Hall 2016
Design and layout copyright © Octopus Publishing Group 2016
All photography copyright© Octpus Publishing Group

Japanese translation published by arrangement with
Octopus Publishing Group Ltd. through The English
Agency(Japan) Ltd.

Contents

はじめに
- 歴史のなかのパワーストーン ······ 6
- パワーストーンの効用 ······ 7
- パワーストーンの特性 ······ 10

パワーストーンの活かし方
- パワーストーンの選び方 ······ 14
- パワーストーンの浄化 ······ 16
- パワーストーンに願いを込める ······ 18
- パワーストーンを活用する ······ 20
- クリスタル・エッセンス ······ 26

代表的なパワーストーン
- シュンガイト：癒しの石 ······ 30
- ブラッドストーン：身体によい石 ······ 34
- オーラライト23：心に効く石 ······ 38
- アナンダライト™（オーロラクォーツ）：スピリチュアルな石 ······ 42
- ジェイド：健康と幸福の石 ······ 46
- レッドジャスパー：生命力の石 ······ 50
- アイ・オブ・ザ・ストーム（ジュディのジャスパー）：安定性の石 ······ 54
- ゴールドストーン：富の石 ······ 58
- グリーンアベンチュリン：成功の石 ······ 62
- ローズクォーツ：愛情と絆の石 ······ 66
- シトリン：キャリアに役立つ石 ······ 70
- ブラックトルマリン：護身の石 ······ 74
- ターコイズ：信仰の石 ······ 78
- アメジスト：瞑想の石 ······ 82
- セレナイト：スピリチュアルな石 ······ 86
- クォーツ：安全で聖なる空間をつくる石 ······ 90
- スモーキークォーツ：暮らしに役立つ石 ······ 94

はじめに

　まぶしい輝きを放つ宝石には目を奪われるものです。美しさがいっそう引き立つように、表面を平らにカットして磨き上げられた宝石は、多くの人を魅了します。でも、「パワーストーン」と呼ばれたりもするゴツゴツした石には、宝石のようなきらびやかさはありません。「何これ?」と思う人もいるでしょう。

　パワーストーンが発するエネルギーを感じたら、"何の変哲もない石"への見方は一変するでしょう。光り輝く大きな石だけでなく、でこぼこした小さな石も、素晴らしいパワーを秘めている可能性があるのです。この本で紹介するパワーストーンは、専門店に行けばたいてい手に入ります(振動数が大きい希少な種類のものは、見つからないことがあるかもしれません。その場合は、オンライン・ショップで探してみる価値があると思います)。これから説明するように、パワーストーンはどれもはっきりした個性を持っています。貴重な石との出合いをぜひ楽しんでください。

本体の水晶にいくつもの水晶が付着してできた
バーナクル・ブリッジ・クォーツ

🔷 パワーストーンとは

　パワーストーンは、幾何学的な規則性を持つ格子状の結晶からできていますが、それらの結晶とはまったく異なる形をしていることもあります。三角形、四角形、長方形、六角形、ひし形、平行四辺形、台形などが組み合わさって、三次元のさまざまな形状が出来上がっており、そうした内部構造によって石の種類が決まります。

　パワーストーンはどれも特定の鉱物と化学組成から成り立っていて、それがさまざまな色を生み出しています。癒しをもたらすパワーストーンのなかには、急激に温度が下がったり、隕石の落下によってできたりしたため、結晶を含まないものもあります。

パワーストーンの恵み

　暮らしのなかにパワーストーンを取り入れた人々は、次のような効果を実感しています。

- 心の平穏
- 幸福感と免疫力の強化
- 覚醒と集中

- 「守られた聖なる場所にいる」という安心感
- 情熱と生命力
- 不安の解消と喜びの増大
- 身体の痛みやこわばりの緩和
- 導きとひらめき

歴史のなかのパワーストーン

　パワーストーンは古代の暮らしにおいて大切な役割を果たし、呪術、宗教、儀式などに欠かせないものでした。石器時代の人々は、石英や翡翠(ジェイド)で美しい斧をつくり、儀式に用いていました。古代エジプトのファラオは、パワーストーンをちりばめた精巧な宝飾品を身につけていました。このように、パワーストーンはさまざまな場面に活かされていたのです。

　聖書には天然石についての記述が実に1704ヵ所もあります。ですから、パワーストーンは決して最近の「妙な流行もの」でもなければ、いかがわしいものでもありません。モーセが兄アロンのために用意した有名な大司祭の胸当

てにも、当然のようにパワーストーンが嵌め込まれました。

　インド、中国、メソポタミア、ギリシア、エジプトでは、パワーストーンは儀式のほか医術にも使われていました。科学的な医術のさきがけです。先史時代の交易でも数種類のパワーストーンが扱われ、何千マイルも離れた地へと伝播しました。たとえば、ラピスラズリはいまから9000年も前に、アフガニスタンの高地からエジプトを経て、さらに遠方までもたらされたのです。これとは逆のルートを辿ったのがバルティック・アンバーです。

　パワーストーンは何千年も前から崇拝や渇望の対象でしたから、気の遠くなるほどのお金が動いたばかりか、ときには戦争の原因になったほどです。そして今日なお、世界中で王位や権力の象徴であり続けています。

パワーストーンの効用

　では、パワーストーンの持つ神秘的で不思議な効用とは、どのようなものでしょうか。古代には神聖なものと見なされ、癒しや魔除けのために用いられていました。今日では、コンピュータや手術用のレーザー装置にも使われています。

🔹 パワーストーンのエネルギー

パワーストーンは安定した不変のエネルギーを持ち、石の種類ごとに固有の波動とエネルギー場、つまり"響き"があります。音叉のように、あたりのエネルギーを調和させる働きがあるのです。私たちの身体のエネルギー場はとても不安定なので、何かの混乱をきっかけに調和が損なわれ、病気になりかねません。ところが、安定したエネルギー場を持つパワーストーンを身近に置くと、それに同調するかたちで私たちのエネルギー場（生体磁場）も本来の安定を取り戻します。こうして、調和と健康がもたらされるのです。

翡翠は中国で何千年ものあいだ、幸運の象徴とされていました

🔹 熱を発するパワーストーン

パワーストーンのなかには「焦電結晶」といって、急激な温度変化にさらされると電気を帯び、熱を発するものがあります。原始人はこの性質を利用して、石と石を

打ちつけて火を起こしていました。古代ギリシアの哲学者テオフラストス（前372-287頃）が残した文献には、静電気のせいでトルマリン（電気石）に藁が吸いついたり離れたりする様子が記されています。

　エネルギーが生じるきっかけは温度変化だけではありません。水晶（クォーツ）に圧力を加えると電気を帯びます（圧電効果）。これは1880年代にピエール・キュリー（1859-1906）とジャック・キュリー（1856-1941）の兄弟が突き止めた現象で、圧電性結晶は、規則的な振動を加えると電気エネルギーを発し、逆に、電気エネルギーを加えると規則的な振動をします。しかも、エネルギーは安定しています。クォーツ時計は電池をエネルギー源にして一定のペースで振動を繰り返すという、水晶の特性を活かした製品です。この特性はガスライター、電子レンジ、電話機、小型マイク、イヤホン、インクジェット・プリンターなどにも活かされています。

魅惑的なパワーストーンは無数の可能性を開いてくれます。どれかひとつを選び、肌身離さず持ち歩きましょう

パワーストーンの特性

　パワーストーンは結晶構造や組成、特性をもとに分類されますが、エネルギーの現れ方は、個々の色や形状に左右されます。

🔮 パワーストーンの色

　パワーストーンの色は人によって見え方が異なります。石に反射した光は、目に入ると屈折していくつもの波長に分散します。目はそのエネルギー強度を認識して脳に信号を送り、脳が色を判断するのです。

パワーストーンの色が表すもの
- ■ シルバーグレー：変貌、透明性
- ■ 黒：保護、堅実、デトックス効果
- ■ 茶：浄化・純化、物事の中心
- ■ ピンク：愛情深さ、不安の緩和、トラウマの解消
- ■ ピーチ：穏やかなエネルギー
- ■ 赤：情熱や活力の源泉

- ■ オレンジ：躍動、創造性、積極性
- ■ 黄：鮮やか、富、豊穣
- ■ 緑：穏やか、心の癒し、思いやり
- ■ 青緑：直感、平穏、憩い
- ■ 青：自己表現、コミュニケーション
- ■ ラベンダー：霊的現実、直感
- □ 白：純粋、至高
- ■ 透明：元気の素、浄化、高次の意識
- ■ 多色混合：相乗効果、素晴らしい可能性

◆ パワーストーンの形状

　パワーストーンの形状は、内部の格子構造とはかなり異なっていることもあり、ポイントと呼ばれる一方が尖ったもの、柱状石の集合体（クラスター）、板状のものなど、さまざまです。人工的にカットされたものもあります。いずれにしても、パワーストーンの形状によって、エネルギーと光の動きが決まります。

パワーストーンの形状が表すもの

- ◆ 球：全方位へ均一にエネルギーを放射
- ◆ クラスター：全方位へ均一にエネルギーを放射
- ◆ ポイント：向きによってエネルギーを引き寄せたり、放出したりする
- ◆ 両剣形：2方向にエネルギーを解き放つ
- ◆ 卵形：エネルギーを宿し、放射する
- ◆ 空洞(ジオード)：エネルギーを増幅、保存し、少しずつ放出
- ◆ 立方体：エネルギーの集約と強化

　パワーストーンの持つこれらの特性は、癒し効果をもたらし、生活環境を改善してくれます。パワーストーンを身近に置いてその力を借りれば、後ろ向きのエネルギーを有益なエネルギーに変えることができるでしょう。すると、心身の健康が増進し、より前向きな生き方ができるはずです。そのためにまず、これから紹介するいくつかの大切なステップを踏んでください。

この2つのアメジストは、同じ組成を持っています

パワーストーンの活かし方

パワーストーンの魅力を味わい尽くすために
知っておくべき秘訣をいくつか紹介します。
十分なエネルギーを与えてくれるよう、
石を清潔に保つ方法。
浄化した石に願いを込め、
うまく効果を引き出す方法。
もちろん、飾っておくだけでもいいのですが、
それだと少しもったいないですね。
せっかくですから、
パワーストーンの素晴らしい効果を、
癒し、お清め、エネルギーの維持に
活かしましょう。

パワーストーンの選び方

　パワーストーンを選ぶときは、この本を参考にしていただいてもいいのですが、あなたの直感で選ぶほうが、きっと遥かに楽しいでしょう。お店の棚を眺めていれば、自然と「これだ！」というものに出合えるでしょう。どれかひとつに目が釘付けになったら、それがあなたにふさわしい石です。たとえ美しさや大きさで際立っていなくても、あなたには絶大な効果をもたらすはず。その石を大切にしてください。

🔹 指に石を選ばせる

　丸く磨いた小さな石がたくさん入った容器に、指を入れてみましょう。すると不思議なことが起きます。指に吸いついて離れない石があるのです。それがあなたにふさわしいパワーストーンです。

　大きな石を選ぶときには、「指リング」を使います。人間の身体には、石のエネルギーに同調して自分に合った波動を見つけ出す能力が、秘められています。この能力をもとに得た情報が指に伝わり、ぴったりの石を探り当てるのです。

🔷 指リングを使った占い

❶ 親指と人差し指でリングをつくります。

❷ もう一方の手で同じようにリングをつくり、2つのリングを交差させます。その状態のまま、手を石（実物ではなく写真でもよいです）にかざし、自分にぴったりの石かどうか問いかけましょう。

❸ リングの形が保たれたなら、その石はあなたにぴったりです。もしリングがほどけてしまったら、相性のよい石ではないということです。

パワーストーンの浄化

　パワーストーンは、それに触れたすべての人の波動を吸収するだけでなく、負のエネルギーを溜め込みます。ですから、パワーストーンを手に入れたら、すぐに浄化してください。身につけるなどしてしばらく使っていると、やはり浄化が必要になるでしょう。パワーストーンを身につけているときに、体調がすぐれないと感じたり、イライラしたりしたら、「この石は自分に合わないのでは」と考える前に、まずは浄化してみてください。

🔷 主な浄化法

▷たいていの石は、水流に数分間さらすと浄化され、エネルギーが充填されます。海や河川などの天然水が最適ですが、水道水でも構いません。水で浄化するときは、石が流されないようメッシュの袋などに入れてください。

▷容器に入った塩か玄米のなかに石を埋めて一晩置いた後、取り出して塩や玄米を払い落としましょう（層構造の石や脆い石は、塩を使った浄化を避けてください）。大きな水晶クラスターやカーネリアンの上に載せて、太陽光に数時間当てるという浄化法もあります。陽の光が弱いとき

は、明るい白色光を当てるとよいでしょう。なお、白い石のエネルギーを充填するときは月光の下に置きます。

そのほかの浄化法

燻す：セージ、スイートグラス、お香は、パワーストーンの持つ負のエネルギーを速やかに取り除いてくれます。大きな石を浄化するときは、乾燥ハーブの束やお香に火をつけ、石の上にかざします。小さな石は、手のひらに載せて煙のなかに差し出しましょう。

光を当てる：手のひらに石を載せて、明るい白色光が上から降り注ぐ様子をイメージします。それが難しければ、代わりにキャンドルの火に石をかざしましょう。ただし、火が手や石に触れないよう気をつけてください。

市販のエッセンスを使う：パワーストーン浄化用のエッセンス（"レメディ"とも呼ばれます）が専門店で手に入ります。それを浄化したい石にじかに垂らすか、スプレーボトルに入った天然水に数滴加えて、石にそっと吹きかけましょう。

石は水流にさらすことによって浄化
できます（砕けやすい石にはこの方
法を使わないでください）

パワーストーンに願いを込める

　望みをかなえてくれるよう願かけをすると、パワース
トーンは効果的なエネルギーを発して、あなたの力に
なってくれるでしょう。

🟪 パワーストーンを活性化させる

❶ 石を手のひらに載せます。
❷ 目を閉じて、石に意識を集中します。
❸ 明るい白色光に包まれた石の姿を目に浮かべます。
❹ 宇宙で最高のエネルギーがその石に宿るよう、祈りましょう。
❺ 石が自分の波動と同調して至高善の実現に向けて活性化するよう、念じます。
❻ 願いを言葉にして、その実現に力を貸してくれるよう石に語りかけましょう。「どうか癒しを」「豊かさと幸運を引き寄せてください」というように。

🟪 パワーストーンを大切にする

　パワーストーンは、大切に扱えば、何年ものあいだ献身的に尽くしてくれるでしょう。小さくカットして磨いた石（「タンブルストーン」と呼ぶこともあります）は、布袋に入れて保管してください。それでも、いつかは傷が付いてしまうかもしれませんが。

　水晶ポイントのように繊細な石やジュエリーは、布で包むか、棚に置いて保管しましょう。仕切りのある箱やボウル形の容器も、石をひとつずつ保管するのに適しています。

パワーストーンを活用する

　パワーストーンを身につけたり、そばに置いたりすることで、癒し、安全、平穏、安らぎ、意欲などがもたらされます。心身が不調に陥ったときには、その原因を取り除く助けもしてくれます。

🔷 見て楽しむ

　大きくて美しい、目立つ石を持っているなら、見えやすい場所にそれを置きましょう。きっと、数々の素晴らしい恵みがあるでしょう。

🔷 アクセサリーとして使う

　アクセサリーとして身につけると、一日中、パワーストーンの波動を感じていられます。最大限の効果を得るために、できるだけ肌に石がじかに接するようにしましょう。

パワーストーンを使うときは、最初に必ず願をかけましょう

🔹 安全で神聖な空間をつくる

高波動の天然石でダビデの星をつくり、その中心で瞑想しましょう

　自分のまわりに、いくつものパワーストーンをうまく調和させて置くと、魔除けができ、安全な空間が生まれます。上の図のように、セレナイトとブラックトルマリンを使ってダビデの星の形をつくりましょう。まず、上向きの三角形を描くようなつもりで、3つの角にそれぞれブラックトルマリンを配置します。次に、逆三角形を思い浮かべながら、同じように3つのセレナイトの位置を決めます。ダビデの星の大きさは、空間の広さに合わせて決めましょう。たとえ小さくても、目覚しい効果を発揮します。

パワーストーンの活かし方

🔮 瞑想する

　パワーストーンを奥深くまで覗き込むようにし、邪心を捨てて心を落ち着けます。

🔮 お守りにする

　シュンガイトかブラックトルマリンを身につけるか、数種類の石を選んで窓辺または棚に置くと、お守りになるほか、家の中がよい波動で満たされます。

🔮 有害なエネルギー、負のエネルギーを遮る

　大きなブラックトルマリンかシュンガイトを置いておくと、コンピュータなどによる有害な電磁波を遮断することができます。

🔮 安らぐ

　床に横たわり、頭の周囲にポイントを内側に向けた石をいくつも置き、リラクゼーションに役立てます。アメジストやオーラライト23を使うと、とりわけ効果的です。

🔮 心地よい波動を生む

身体の上やまわりに石を並べて8の字をつくります。「8」の上半分にはセレナイト、クォーツ、アナンダライト™など高波動の石を置きます。下半分には、レッドジャスパーやスモーキークォーツを置いて、波動をつなぎとめます。

🔮 癒しを得る

病気や不調とは、調和が崩れた状態です。突き詰めていくと、原因はすべて身体や心の調和の乱れなのです(次ページを参照)。パワーストーンを身近に置いておくと、幸いにもすぐに身体の調和が戻り、心の安らぎが得られます。

心身の不調の原因

免疫システムの不全：免疫システムは、不調や病気を防ぐための第一の砦です。それがうまく機能しなくては、元も子もありません。
対策：シュンガイトを浸してつくった水(シュンガイト水)を飲むか、ブラッドストーンかジェイドを胸の真ん中に置きます。

ストレスと緊張：アドレナリンがたくさん出て身体にストレスがかかる状態が続くと、いつかは病気になってしまいます。
対策：とにかくリラックスしましょう。オーラライト23を額の真ん中に当てるか、セレナイトをそばに置いて瞑想しましょう。

心身の酷使：過労、考え過ぎ、休息や気分転換の不足はみな、病気につながりかねません。
対策：アメジストかオーラライト23を枕の下に置いて寝ましょう。

精神の消耗：他人や状況のせいで気が滅入った状態が続くと、病気への抵抗力が衰えます。
対策：左の脇の下にグリーン・アベンチュリンを挟むとよいでしょう。

衝撃やトラウマ：精神に打撃を受けると、身体の調和が乱れて病気になります。
対策：左胸の心臓の位置にローズクォーツを当てましょう。

後ろ向きの態度や暗い感情：罪悪感、やり場のない怒り、自尊心の欠如、恥辱などは、知らないうちに病気を引き寄せます。
対策：スモーキークォーツをみぞおち（お腹の上方真ん中）に置き、ネガティブな感情を吸い取ってもらいましょう。

不安や恐怖：不安や恐怖に絶えず苛まれていると、身体にも悪影響が及びます。
対策：アナンダライト™を抱き寄せましょう。

クリスタル・エッセンス

　クリスタル・エッセンス（クリスタル・ウォーター）を使うと、石の波動のパワーを簡単に、しかも楽しみながら活かすことができます。パワーストーンを天然水に浸すと、共鳴によってより強力な波動が生まれます。素晴らしいエネルギーをたたえたこの水によって、微妙な感情的、心理的変化がもたらされるほか、魔除けや活力強化に優れた効果を発揮します。

🔷 エッセンスのつくり方

❶ パワーストーンを浄化します（16ページを参照）。
❷ 清潔なガラスの器に入れて、純粋な天然水をかぶるまで注ぎます（毒性、水溶性、層構造、脆さを持った石は、空のガラス容器に入れて、容器ごと水に浸してください。ただし、この本で紹介する石は毒性のないものばかりです）。
❸ 太陽光または月光の下に6〜12時間置きます（白い石は月光の下に置くのが効果的です）。

クリスタル・エッセンスを太陽光または月光の下に置く

❹ 石を取り出してから、容器のなかに保存料として、水の2倍の量のブランデー、ウォッカ、またはリンゴ酢を加えます（これは原液ですから、使うときには薄めます）。

🔷 クリスタル・エッセンスを使う

❶ ガラス製の小さなスポイトボトルに原液を7滴入れてから、ブランデーと水を1：2の割合で混ぜたものをボトルいっぱいに注ぎます。これを一定時間ごとに飲んだり、体の傷に塗ったりしましょう。痛みや痒みのある部分を浸してもよいでしょう。

❷ 1日や2日ではなく、もっと長い期間にわたってクリスタル・エッセンスを使い続ける場合は、水の入ったスプレーボトルに原液を何滴か混ぜます。そこに4倍に薄めたウォッカかホワイトラムを保存料として加えます。家の中や職場など、身近な場所でスプレーしましょう。あるいは、自分のオーラ、つまり身体を取り巻くエネルギー場に拡散させるとよいでしょう。その際には数滴を手に垂らし、身体から30センチほど離れたところで、足元から頭の高さまで手を振り上げます。

クリスタル・エッセンスをつくってみましょう

● 愛情で満たされたいなら
　　ローズクォーツ・エッセンスを
● 元気を出したいときは
　　レッドジャスパー・エッセンスを
● 自分を守るには
　　ブラックトルマリン・エッセンスを
● 爽快な気分になりたいなら
　　ジェイド・エッセンスを
● 神聖な空間をつくるには
　　セレナイト・エッセンスを
● 魔除けには
　　スモーキークォーツ・エッセンスを

代表的な
パワーストーン

ここからは、代表的なパワーストーンを紹介していきます。
このなかのいくつかを使ってみることで、
あなたの生活に張り合いが生まれ、
人生がパッと明るくなるでしょう。
パワーストーンは、友人としてあなたを励まし、
暮らしに楽しさや彩りを添えてくれるのです。
心を落ち着かせる必要があるときは、助けてくれます。
魅惑的な石たちは、
あなたを守り、健康を保つ役割も果たします。
未知の崇高な精神をもたらし、
いつでもそばに寄り添っていてくれる存在でもあります。
エネルギーの調和を取り戻し、病気を癒すうえでも、
理想的な役割を果たします。
大切なのは、言葉に出して
はっきり願いを込めることです。

シュンガイト

癒しの石

炭素の含有量が多く、黒光りする"エリート"シュンガイト

　地球外で生まれた、珍しい炭素を成分とする鉱石です。20億年ほど前、現在のカレリア地方（ロシア北部）に落下した巨大な隕石の残骸と考えられています。

　独特な構造を持ち、ほぼすべての元素を含有するこの石は、強力なパワーで有害物を遠ざけます。地熱や電磁気を伝える力に優れた、ナノテクノロジーにも活用されるフラーレンという成分（空洞状の炭素分子、バッキーボールとも呼ばれる）が、有害な電磁波を遮る役割も果たすのです。

　シュンガイトにはウイルスやバクテリアへの抵抗力があり、殺虫剤や農薬、活性酸素、微粒子、電磁波などの有害性物質を吸収することもわかっています。

　　人間の波動やエネルギー場は一人ひとり異なります。
　ですから、万人に効くパワーストーンはないのですが、
　それに最も近いのがシュンガイトでしょう。
　　　　　　——ジュディ・ホール Crystal Prescriptions vol.3 より

身体への効果 ▶ 古くからの「万能薬」であるシュンガイトには、免疫系を強化し、細胞の代謝を助ける力があることが、過去の逸話や科学研究により示されています。酵素の生成を促して痛みを和らげる働きもします。天然のデトックス効果や消炎効果があるため、昔から傷の手当てに使われてきました。シュンガイトを浸すと水が活性化し、老化防止や健康増進に効くほか、殺菌や消毒の効果を発揮します。

シュンガイト水のつくり方：100グラムのシュンガイトをメッシュの袋で保護し、1リットル容器に入れます。容器いっぱいに天然水を注ぎ、活性化するまで48時間そのまま置きます。こうしてできたシュンガイト水を折に触れて飲みましょう。減った分の水をそのつど補充することを忘れずに。シュンガイトは1週間に1度、浄化してください。水道水にさらしてから、太陽光を何時間か浴びさせるとよいでしょう。

代表的なパワーストーン

作用する対象▶免疫系、神経伝達物質、心臓血管、消化、ろ過機能、腎臓、肝臓、胆嚢、膵臓(すい)

精神への効果▶この石の力を借りると、古くからの常識や思い込みにとらわれていることに気づいて、そこから抜け出し、新鮮な発想を根付かせることができます。また、先人の知恵に目を向けてそれを糧に未来を切り開くよう、背中を押してくれます。

感情への効果▶シュンガイトには悪いものを遠ざける強い効果があることを知っておくと、安心感が得られるでしょう。心がざわついたら、この石を身につけて気持ちを落ち着かせ、静謐(せいひつ)な空間をつくりましょう。

スピリチュアルな効果▶シュンガイトは宇宙から届いた石ですから、「自分はひとりぼっちではない」「人生は思いも寄らなかったほど豊かなものだ」ということを気づかせてくれます。瞑想や体外離脱体験のあいだも、心がさまよわないよう、しっかりと守ってくれます。

こんな話も▶「ロシアが『母なる大地』と呼ばれているのは、地球に生命の源をもたらしたのが、この地にしか

存在しないシュンガイトだからなのです」。シュンガイトをロシアのカレリア地方から仕入れる、レインボー・チェーン社の設立者、ジョン・パラグータ=アイルズ(1971-)はこのように語っています。

豆知識▶シュンガイトは腐食した有機物から生成された炭素系の鉱物でできています。しかし、太古の地球には森林がありませんでしたから、カレリア地方に落下した隕石には宇宙からの炭素が含まれていたと考えられます。カレリアのオネガ湖近くの湯治場では、何百年も前からシュンガイト水が使われています。

使い方のヒント▶ピラミッド形のシュンガイトをベッドのそばに置くと、不眠症や頭痛に効くほか、ストレスや電磁波による心理的な影響を和らげてくれます。

電磁波から身を守るために、コンピュータのすぐそばにシュンガイトを置きましょう

代表的なパワーストーン　33

ブラッドストーン

身体によい石

ブラッドストーンという名前は赤い斑点にちなんでいます

　ブラッドストーンは名前のとおり、古くから優れた血液浄化作用と強い癒し効果を持つとされてきました（ブラッド＝bloodは血を意味します）。魔法のように天候を操るほか、魔除けの力を授けてくれる、と信じられていました。

　光の当たり方しだいで色が違って見えるため、変幻自在なイメージがあります。祈祷師(シャーマン)たちは、「異界をひっそり旅してさまざまな国の領土を無事に通り抜ける方法を、ブラッドストーンが教えてくれる」と考えていました。

　ブラッドストーンは人間の生命力を保ち、平穏無事をもたらす。この石を持っていると人望が集まり、毒物やあらゆる化け物が遠ざかる。

*　　　　　　　　　　——ダミゲロン『石の美徳』より*

身体への効果 ▶ ブラッドストーンはクリスタル療法のごく初期の処方箋にも載っており、古くから血液や血量の多い臓器の浄化、血流の改善に使われてきました。リンパの流れや代謝を促し、疲れた心身にエネルギーを吹き込んで活性化させます。中世には鼻血を止める効果があるとされていました。また、古代の中近東や西洋では粉末状にしてハチミツや卵白と混ぜ、ヘビの毒を抜いたり、腫れを抑えたり、出血を止めたりするのに使われていました。13世紀にカスティリヤ(現在のスペイン)のアルフォンソ10世の指示でまとめられた『宝石誌』には、膿瘍で具合が悪いときにブラッドストーンで治療したら1日で膿が消えた、という記述があります。

作用する対象 ▶ 血液と血液循環、腎臓、副腎、肝臓、胆嚢、脾臓、膀胱、腸、胸腺、免疫系、リンパ系、代謝、目、デトックス、過度の酸化

精神への効果 ▶ ブラッドストーンには気持ちを落ち着ける効果があります。勇気をもたらしますが、その半面、戦略的な撤退や機転の大切さをも教えてくれます。混乱は変化のさきがけであることに気づかせてくれます。さらには、マインドフルネスに打ってつけの石でもあります。

いまこの瞬間に意識を集中しながら、自分の考え、身体の感覚、感情を受け入れるうえで、助けになるのです。

感情への効果▶ブラッドストーンには感情を抑制する効果があります。怒りや興奮、攻撃性、イライラなどを和らげてくれるのです。

スピリチュアルな効果▶日々の暮らしのなかでスピリチュアルな経験をする助けになります。チャクラ（身体のエネルギーの中心）やエネルギー場を浄化、再活性化させてくれます。

こんな話も▶『博物誌』の著者として知られる古代ローマの大プリニウスは、月が太陽を覆う日食はブラッドストーンの力によって起きると考えました。ただし、この石を持っていると目が見えなくなるわけではない、とも記しています。

豆知識▶中世には、キリスト教徒の間で「イエス・キリストが磔(はりつけ)の刑に処せられたときに、十字架の礎石に血が滴り落ちてできたのが、ブラッドストーンだ」と信じられていました。しかし、古文書によると、紀元前3000年頃にはすでに、ブラッドストーンが癒しの石として使われていたようです。

使い方のヒント▶「風邪かインフルエンザかもしれない」と感じたら、胸腺(胸骨の真ん中)の位置にブラッドストーンを当てましょう。

胸腺の上にブラッドストーンを当てると、免疫力が高まります

代表的なパワーストーン

オーラライト 23

心に効く石

　オーラライト23は、美しいオーロラ（北極光ともいい、アメリカの先住民からは「精霊たちの踊り」と呼ばれていました）にちなみ、また、かつて23種類の鉱物で構成されると考えられていたことから付いた名称です。「覚醒の石」の異名を持つこの石は、カナダのサンダーベイにある「不思議の洞窟」でしか産出せず、主な鉱物はアメジストです。身体にも効き目はありますが、最も大きいのは心や精神への効用です。「パラダイムを変える石」としても知られていて、ほかの高振動のパワーストーンと併用すると、相乗効果で働きがいっそう強まります。

曇りのない澄み切った目で眺めると、雨露の清々しさ、早朝の陽光の美しさが見えてくる。

——ヴァージニア・アリソン、『天上の香り』の著者

身体への効果 ▶ ストレスや緊張を解きほぐし、身体をあらゆる面でリラックスさせるのが、オーラライト23が身

意識を変えたいときには、オーラライト23 がとても強い味方になるでしょう

体に及ぼす最大の効果です。頭痛や偏頭痛、眼精疲労、筋肉のけいれん、不快症状を解消します。血管の健康にもよい影響を及ぼすことがわかっています。

作用する対象▶チャクラとエネルギー場（私たちの身体を取り巻く生体磁場）。

精神への効果▶心を落ち着かせ、意識を高次元へ引き上げてくれます。それにより、覚醒をとおして意識に変化が起きます。この強烈なエネルギーの充足への心構えができていない人は、文字通り衝撃を受けるでしょう。準備ができていたなら、心に静穏が訪れるはずです。

感情への効果▶感情、特に怒りや癇癪(かんしゃく)を鎮め、深い安らぎをもたらします。心因性の病気や不調につながる心のトゲを、取り除いてくれるのです。

スピリチュアルな効果▶精神面の成長を促す強い効果があります。宇宙からの隕石に由来するため、神との架け橋の役割を担います。深い瞑想を可能にし、霊能を強め

てくれます。この石を持っていると、守り神や相談相手とめぐり合えるでしょう。

こんな話も▶オーラライト23が生まれたのは12億年前、中原生代と呼ばれる時代です。当時の地球上では、単細胞生物が多細胞生物へと進化し、繁栄を始めていました。隕石が落下した際に、地表に稀少な鉱物がもたらされ、それらがアメジストと融合することによって、この色とりどりの石が誕生したようです。

豆知識▶アメリカ宝石学会の調べによると、オーラライト23には少なくとも34種類の鉱物が含まれているそうです。チタン石、カコクセン石、鱗鉄鉱(レピドクロサイト)、アホー石、赤鉄鉱(ヘマタイト)、磁鉄鉱(マグネタイト)、黄鉄鉱(パイライト)、軟マンガン鉱、金、銀、プラチナ、ニッケル、銅、鉄、褐鉄鉱(リモナイト)、閃亜鉛鉱(スファレライト)、銅藍(コベライト)、黄銅鉱(カルコパイライト)、ガイアライト、緑簾石(エピドート)、斑銅鉱(ボーナイト)、金紅石(ルチル)、スモーキークォーツなどが、アメジストに付着、混合しているのです。

使い方のヒント▶気が散って、いつまでも考えがまとまらないようなときは、額の真ん中にオーラライト23を当ててみましょう。煩悩が消えて頭がすっきりする効果があります。

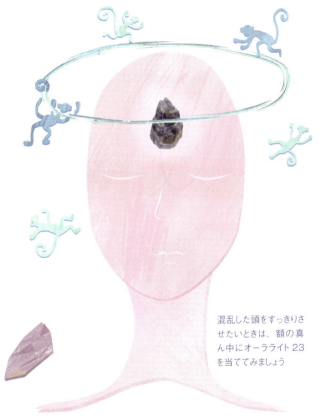

混乱した頭をすっきりさせたいときは、額の真ん中にオーラライト23を当ててみましょう

代表的なパワーストーン

アナンダライト™（オーロラクォーツ）

スピリチュアルな石

　アナンダライトという名称は、サンスクリット語の"アナンダ（聖なる至福）"に由来します。オーロラクォーツ、レインボークォーツとも呼ばれるこの石は、数ある水晶のなかでも極めて振動数が高く、魂や至高の存在とのつながりを可能にしてくれます。

　アナンダライトは、クンダリーニ（尾てい骨のあたりに眠る生命エネルギー。覚醒すると脊椎をとおって頭部へと上昇するとされる）の覚醒を促しますが、クンダリーニが方向感覚を欠き、動きにキレがないと、身体の調和が崩れかねません。アナンダライトはクンダリーニを脊椎から頭のほうへすんなりと上昇させ、精神の覚醒の妨げになっている感情のしこりを消し去ります。

　ごくわずかな至福が全宇宙に至福をもたらす。すべてのものは光のなかで啓示を受ける。

——ヒンドゥー経典　*The Vijnanananka*

郵便はがき

１０２８６４１

```
おそれいりますが
52円切手を
お貼りください。
```

東京都千代田区平河町2-16-1
平河町森タワー13階

プレジデント社

書籍編集部 行

フリガナ		生年（西暦）	
			年
氏　名		男・女	歳
住　所	〒		
	TEL　（　　　）		
メールアドレス			
職業または学校名			

　ご記入いただいた個人情報につきましては、アンケート集計、事務連絡や弊社サービスに関するお知らせに利用させていただきます。法令に基づく場合を除き、ご本人の同意を得ることなく他に利用または提供することはありません。個人情報の開示・訂正・削除等についてはお客様相談窓口までお問い合わせください。以上にご同意の上、ご送付ください。
＜お客様相談窓口＞経営企画本部 TEL03-3237-3731
株式会社プレジデント社　個人情報保護管理者　経営企画本部長

この度はご購読ありがとうございます。アンケートにご協力ください。

本のタイトル

● ご購入のきっかけは何ですか？（○をお付けください。複数回答可）

　　1 タイトル　　　2 著者　　　3 内容・テーマ　　　4 帯のコピー
　　5 デザイン　　　6 人の勧め　　7 インターネット
　　8 新聞・雑誌の広告（紙・誌名　　　　　　　　　　　　　　　　　）
　　9 新聞・雑誌の書評や記事（紙・誌名　　　　　　　　　　　　　　）
　　10 その他（　　　　　　　　　　　　　　　　　　　　　　　　　）

● 本書を購入した書店をお教えください。

　　書店名／　　　　　　　　　　　　　　　（所在地　　　　　　　　）

● 本書のご感想やご意見をお聞かせください。

● 最近面白かった本、あるいは座右の一冊があればお教えください。

● 今後お読みになりたいテーマや著者など、自由にお書きください。

　　　　　　　　　　　　　　　　　　どうもありがとうございました。

身体への効果 ▶ アナンダライトはすべてのチャクラを開いて同じ方向へと進ませ、身体に悪い影響を及ぼしそうな不調を解消します。

作用する対象 ▶ 中枢神経系、免疫系、エネルギー経路、チャクラ、エネルギー場

精神への効果 ▶ アナンダライトは、高次の宇宙意識――深い叡智と明晰さの源泉――が持つ無限の可能性を吸収できるよう、力を貸してくれます。

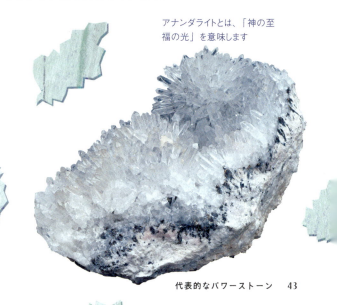

アナンダライトとは、「神の至福の光」を意味します

感情への効果▶鬱積した感情をそっと解き放ち、深い喜びをもたらします。憂鬱や不安を取り除いてくれる、素晴らしい石です。

スピリチュアルな効果▶アナンダライトには、スピリチュアルな覚醒を促すとても強い効果があります。そのパワーによって、神聖なる光をあなたに浴びせ、悟りを開かせてくれるのです。頭頂部にある第7チャクラ（クラウン・チャクラ）とさらにその上にあるソウルスター・チャクラを開き、宇宙の申し子としての本質に目覚めさせてくれます。この「ライトボディ・アクティベーション」を可能にする石、アナンダライトによって、あなたの全存在が光で満たされます。すると、全能の神とのつながりが感じられるでしょう。

こんな話も▶この石の表面はところどころ虹色の輝きを放ちます。確証はありませんが、おそらくロジウム鉱物の影響でしょう。

豆知識▶アナンダライトはチャクラを浄化し、クンダリーニが脊椎に沿って上昇し頭に到達するよう、道筋をつけます。ただし、そのためには本人の準備が欠かせま

せん。パワーストーンとクンダリーニに詳しい、経験豊富な専門家に相談しましょう。クンダリーニは激しい力を持つため、細やかな配慮と導きが必要なのです。

使い方のヒント▶自分のエネルギー場（オーラ）とチャクラをすっきり浄化したいなら、アナンダライトを手に持って、つま先から頭へと振り上げ、背中を通ってまた足元まで戻すとよいでしょう。

アナンダライトを手に持って身体のまわりを縦方向に1周させると、エネルギー場が浄化されます

ジェイド

健康と幸福の石

ジェイドは中国で最も古くから
知られる癒しの石

　ジェイド（翡翠）は古代中国において、幸運や友情を引き寄せ災厄を遠ざける石として、とてもありがたがられていました。一方、西洋では、儀式用の斧の素材として用いられました。一見したところ石鹸のようなこの石には、ジェダイト（硬玉）とネフライト（軟玉）の2種類があり、今日でもなお、豊かさを引き寄せて幸せになるために使われています。第4チャクラ（ハート・チャクラ）と関係が深く、愛情が増え、自分を成長させる能力が高まる効果があるとされます。

翡翠が貴重なのは、稀少だからではなく、素晴らしい性質を持つからだ。……博愛、叡智、正義、繁栄、誠実さ、信頼性といった美徳と調和し……これら尊い美徳は神の思し召しである。

——孔子（前551-479）、中国の思想家

身体への効果▶ジェイドは浄化作用を持ち、体内のろ過・排泄機能、免疫システムを助けます。クリスタル・ヒーリングにおいては、細胞系と骨格系のつながりを強化するために使われます。古くから、腎臓の毒素を抜いて、体液のバランス、塩分濃度、pHを維持するのに役立つと考えられています。伝統的に、妊娠や分娩を促す目的にも用いられています。

作用する対象▶膀胱、腎臓、副腎、腰、脾臓

精神への効果▶沈静効果を持つジェイドは、心身の統一を助け、安定した人格の形成に役立ちます。強迫観念や後ろ向きの気持ちを追い払い、仕事の負担を軽くします。

感情への効果▶ジェイドは、抑圧されて感情のエネルギー場に閉じ込められていた過去の悲しい出来事の傷を、

癒してくれます。また、苛立ちを抑え、心の平安をもたらします。

スピリチュアルな効果▶ジェイドは昔から、完全性や平和を表すものとされてきました。本来の自分でいるよう背中を押してくれるほか、自分の霊性に目覚める手助けをしてくれます。ジェイドを身につけて瞑想し、「こう変わりたい」という前向きな将来像をはっきり思い描くことにより、周囲の暗い予想を打ち消しましょう。

こんな話も▶古代中国の王族の多くは、ジェイドでできた豪華な衣装と黄金の鎧をまとって埋葬されました。そこには安全と不死への願いが込められていたのです。

豆知識▶ジェイドは古くから、純粋さと静穏の象徴とされてきました。東洋では沈思黙考で得られた知恵や良識の象徴として、非常に尊重されています。

使い方のヒント▶胸の真ん中上部にジェイドをまとうと免疫システムへの刺激になり、額に当てると真実や洞察に満ちた夢を見ることができるでしょう。一人旅のお守りとしても、とても効果があると考えられています。

旅行をするときには、お守りとしてジェイドを持っていきましょう

レッドジャスパー

生命力の石

　レッドジャスパーは生命力とエネルギーに満ちた石です。パーティーのような華やかな場に似つかわしいうえ、かつては性的快楽を長引かせる効果があるとされていました。これを身につけていると、暮らしが華やぎます。

「永遠のお守り」とも呼ばれるレッドジャスパーは、古代には魔除けとしてとても重宝されました。15世紀のドイツの高等魔術では不快な想像を退けるために、また、16世紀には悪霊を追い出すために使われました。悪夢にうなされたり、魔物に付きまとわれたりしたときに、役に立ちます。使徒ペトロや大天使ハニエルに縁(ゆかり)の石でもあります。

レッドジャスパーは子供にも大人にも幸運をもたらし、あらゆる災厄を遠ざける、守りの石である。
　　　　　　　——ヨハン・ヴォルフガング・フォン・ゲーテ（1749-1832）、
　　　　　　　　　　　　　　　　　　　　　ドイツの作家、政治家

活力を高めたいときはレッドジャスパーの助けを借りましょう

身体への効果▶エネルギーやスタミナの補給が必要になったら、レッドジャスパーがいつでも頼りになります。「健康の石」ともいえ、古くから、循環器系、血液、肝臓を強化・デトックスする効果があるとされています。パワーストーン・ヒーリングに関する古文書にも登場し、療養が長引いているような場合に回復を早める助けになります。伝統的に、あらゆる無気力や力不足を克服して、多産、創造性の向上に寄与する石とされます。

作用する対象▶血液循環、消化、性的機能、生殖器、肝臓、ミネラルの吸収

精神への効果▶想像力を刺激する石レッドジャスパーは、

独創的な発想を促します。問題が手遅れになる前に果敢に取り組み、最後まで仕事をやり抜く勇気をもたらします。組織力の向上に寄与し、アイデアを実行に移す後押しをしてくれます。枕の下に置いておくと、夢を思い出しやすくなります。

感情への効果▶レッドジャスパーは、自分に正直であるよう背中を押してくれます。心を落ち着けるための数珠にぴったりの石でもあり、心のざわつきを鎮めてくれます。半面、情熱を掻き立てる性質もあります。

スピリチュアルな効果
▶現実的な発想を促し、精神を守ってくれます。オーラの浄化と安定を図り、エネルギー場を強化します。同時に、助け合いの大切さをみんなに思い起こさせる役目も果たします。

こんな話も▶レッドジャスパーは、エジプト文明においては女神イシスの月経血を連想させる石であり、出産や授乳の助けとして使われました。

豆知識▶パワーストーンの世界では、レッドジャスパーは勇気と叡智の象徴とされています。また水晶占いでは、愛が報われることを意味します。

使い方のヒント▶お尻のポケットにレッドジャスパーを入れておくと、性欲が高まり、情熱が湧き上がってきます。

レッドジャスパーは人生を明るくします

代表的なパワーストーン

アイ・オブ・ザ・ストーム （ジュディのジャスパー）

安定性の石

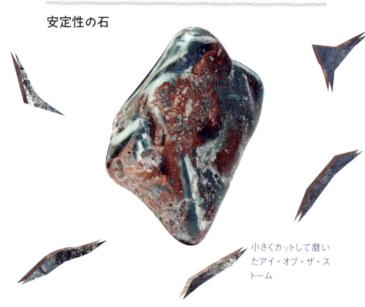

小さくカットして磨いたアイ・オブ・ザ・ストーム

　アイ・オブ・ザ・ストームは、アゲート（めのう）とジャスパーの混合石です。この石を握り締めるのは、台風の目のなかに身を置くようなもの。あたりのすべてが渦を巻くように回転する中心に、居続けるのです。しゃがみ込むと身を守れますし、立ち上がるとあたり全体を見渡せます。

アイ・オブ・ザ・ストームは、私たちがどう行動するか、どう判断するかによって状況は変化することを、思い出させてくれます。やがて解決策が明らかになってきます。この石は、あなたと地球の生命を支える役割を果たします。ポケットに入れておくと、世の中が明るくなり、調和が生まれます。

低気圧(サイクロン)は穏やかな中心部からパワーを得る。人間も同じである。

——ノーマン・ヴィンセント・ピール（1898-1993）、
先見の明で知られる作家

身体への効果▶脅威を感じたときに身体が示す闘争・逃避反応を鎮めるなど、高いストレス緩和効果を持ちます。内部に力強いエネルギーをたたえていて、それを活かすことができます。健康的な新細胞の成長を促すとする説もあります。あらゆるレベルで自然なデトックス効果を発揮し、肝臓への負担を和らげ、各器官の調和を図ります。

作用する対象▶副腎、肝臓、膵臓、脾臓、目、血圧、細胞壁

精神への効果 ▶ この石を持っていると物事の全体像をとらえられるため、十分な情報をもとに判断を下したり、目の前の可能性に目覚めたりするきっかけになります。また、実際よりも大げさに問題をとらえてそのことで頭がいっぱいになってしまい、本質を見失っているような場合に、我に返らせてくれます。もしあなたが失業したとしても、それは自分にぴったりの仕事と出合うきっかけとなる、最良の出来事かもしれません。

感情への効果 ▶ 喪失感や悲しみといった感情を、満ち足りた気持ちへと変えます。

スピリチュアルな効果 ▶ この石はあなたを古代エジプトの「ゼプ・テピ」時代へと連れ戻します。これは人類と自然のあいだで肉体と精神のような調和が初めて実現した時代であり、人間の精神的ルーツはここにあるとされます。

こんな話も ▶ アイ・オブ・ザ・ストームは深刻な病状にも耐える力を持つため、試験的に、化学療法後の代替医療に用いられています。

豆知識▶「ジュディのジャスパー」という呼称は、パワーストーンの専門家ジョン・ヴァン・リースがジュディ・ホールにちなんで付けたものです。ジュディ自身は、石の特徴にふさわしい名称がよいと考え、「アイ・オブ・ザ・ストーム」と呼んでいます。

使い方のヒント▶ストレスを感じたときはアイ・オブ・ザ・ストームを身につけましょう。

アイ・オブ・ザ・ストームがあると、どのような状況でも平静を保てます

ゴールドストーン

富の石

「金運の石」と謳われるゴールドストーンは、ガラスと銅でできた人工石でありながら、宝石のような輝きを放ちます。金運の向上に役立つだけでなく、古くから、あらゆる富を引き寄せるために使われてきました。

最上のゴールドストーンは、大きな塊の芯の部分から生まれます。塊を割って芯を磨き上げると、美しさが際立ってくるのです。その様子は、劇的な変化に先立って目に見えないところで起きる変化を象徴しています。

専門家の間では、「ゴールドストーンは癒しの石(ヒーリング・ストーン)かどうか」という議論が活発です。癒しの効果を強く主張する人もいれば、ほとんど効果はないとする人もいます。ですが、実際に長く使われてきた事実と、癒し効果の高い銅を成分とすることから、「癒しの石」として定評があります。本当かどうか、あなた自身で試してみてください。

豊かさとは、何を持っているかではなく、何を楽しいと感じるかによって決まる。

——エピクロス（前341-270）、古代ギリシアの哲学者

身体への効果▶ゴールドストーンは身体のデトックスに効くとされます。銅を含有するため、関節の痛みを和らげ、骨を強くするのに役立ちます。燦然(さんぜん)としたきらめきが、気分の落ち込みを防ぐ働きをします。

作用する対象▶循環器系

精神への効果▶ゴールドストーンの石言葉は「願えばかなう」です。前向きな発想を心がけましょう！

感情への効果▶平静を保ったり、感情を鎮めたりするのに役立ちます。

ゴールドストーンは、磨くことによって美しさが引き立ちます

代表的なパワーストーン

ゴールドストーンを、家の中の金運の方位に置きましょう

スピリチュアルな効果 ▶ 気持ちを奮い立たせてくれる石です（もっとも、最大の効用はほかにあるのですが）。

こんな話も ▶ ゴールドストーンは錬金作業の途中で生まれたのですが、この技法はイタリアの修道会によって極秘扱いにされていました。ミオッティという17世紀の有名な工房が、ヴェネチアン・グラスの工法を門外不出にしていたのと同じです。ゴールドストーンは中国人からことのほか愛され、「金星石（ジンシンシボリ）」と名づけられました。製造工程では、溶融ガラスの温度を一定に保ち、無機塩が結晶化してまばゆい色になるのを待つ必要があります。

豆知識 ▶ 豊かさとは富の大きさだけを意味するのではなく、心の持ち方でもあります。内面が満ち足りていると、無限の可能性が開かれます。豊かであるとは、身体、精神、感情すべてがこの上なく充実した状態を指します。その境地に達するには、自分と自分の人生を尊重することです。まさしく、いまのあなたのように。

使い方のヒント ▶ 自宅の金運の方位、つまり、玄関から見て左奥に置くと、繁栄がもたらされるでしょう。

グリーンアベンチュリン

成功の石

グリーンアベンチュリンは「成功の石」といわれています。そして、幸運、豊かさ、繁栄を引き寄せる力がとりわけ強い石でもあります。リーダーシップや決断力の向上に役立つほか、「満ち足りた人生を送るには、世間のモノサシによる『成功』など必要ない」と教えてくれます。

この石は、「失敗」は過ちではなく、むしろ成長へのプロセスであることを示してくれます。そしてまた、現実離れした夢想から抜け出し、自分の価値に目覚め、諦めずに何度も挑戦し、達成可能なゴールを設けるために、力を貸してくれます。

さらに、「心の内の欠乏感のせいで、勇気を出せずにいるのかもしれない」という気づきをもたらします。この石をそばに置くことで他者への依存心が消えて、「やればできる」という思いが湧いてくるでしょう。殻を破る必要があるようなときに、本来の能力を発揮できるよう、私たちに自信を与えてくれる石なのです。

人生とは、失敗と見えるところで成功がある。
熱望したのに手に入らなかったもの、それが私を慰める。
——ロバート・ブラウニング（1812-89）、イギリスの詩人、劇作家

身体への効果▶気分を爽やかにします。7歳までの着実な成長を促します。

作用する対象▶脾臓、目、肺、心臓、皮膚、副腎、副鼻腔、筋肉、泌尿生殖器、胸腺、代謝、神経系、結合組織

カットして磨いたグリーンアベンチュリン

代表的なパワーストーン　63

成功を手にしたいなら、グリーンアベンチュリンを持ち歩きましょう

精神への効果▶創造性を育み、精神を安定させます。認知機能を刺激して、さまざまな案や選択肢、特に他者からの提案のよしあしを見極める助けをします。

感情への効果▶怒りや苛立ちを和らげてくれます。感情を上向かせ、真摯に生きる助けになります。

スピリチュアルな効果▶ハート・チャクラを保護、活性化します。そのうえ、あなたのエネルギーを吸い尽くす、

吸血鬼のような人を遠ざけてくれます！

こんな話も▶アベンチュリンという名称は偶然を意味するイタリア語「アベンチュラ」に由来します。この石は偶然により発見されることが多いのです。

豆知識▶水晶(クォーツ)や長石、キラキラ光る黄鉄鉱(パイライト)などでできたグリーンアベンチュリンは、古代においてもすでによく知られていました。数々の彫像やお守りに使われ、それらは現在、博物館でも見ることができます。当時の人がこの石をどのようにとらえていたのかは、十分にはわかっていません。古い記述にある「緑の石」はエメラルドと訳されることが多いのですが、エメラルドはとても稀少でしたから、むしろ、グリーンクォーツ、グリーンアベンチュリン、ジェイドなどを指しているとも考えられます。聖書に出てくる大祭司の胸当てに使われたとされるエメラルドは、実際にはグリーンアベンチュリンだったと考えるほうが自然でしょう。

使い方のヒント▶グリーンアベンチュリンを左の胸ポケットに入れておくか、肌身離さずにいると、力が漲(みなぎ)ってきて、成功を引き寄せることができるでしょう。

ローズクォーツ

愛情と絆の石

ハート形に成形した
ローズクォーツ

　ローズクォーツは、穏やかな雰囲気をたたえる水晶系の石です。無償の愛の象徴でもあり、他者との関係を変化させて愛情や調和を育みます。

　中年の危機や耐え難い状況に直面したときに、素晴ら

しい効果を発揮してくれます。精神的な打撃を和らげ、状況を客観的に眺める助けになるのです。この美しい石は、自分を愛し受け入れる方法や、過去を水に流して真摯に生きる方法を教えてくれます。「自分は非力だ」「愛されていない」と感じたら、ローズクォーツを抱きしめて、前向きで力に満ち溢れ、誰からも受け入れられ愛されていたときのことを思い出しましょう。当時の気持ちが胸に甦ってくるはずです。

思いやりに満ちた言葉は自信を生む。
思いやりに満ちた発想は奥深さを生む。
思いやりに満ちた施しは愛情を生む。
——老子（前6世紀頃）、中国の思想家

身体への効果▶やさしい印象のこの石は、神経回路を開き、整え、脳を調和の取れた状態に導きます。胸の真ん中に当てると、ぜんそくの発作や呼吸困難を抑える効果があります。病気や体調不良を引き起こす心の問題の解消にも役立ちます。

作用する対象▶心臓、血液、血液循環、胸腺、肺、副腎、皮膚、脳幹、生殖系とリンパ系

精神への効果 ▶ 前向きな主張を後押しします。また、この石を身につけていると、自分の目的を忘れずにすみます。

感情への効果 ▶ ローズクォーツは感情を癒す力がとても強い石です。鬱屈した状態から抜け出して気分を変え、罪の意識や苦痛を消すのに役立ちます。傷ついた心を癒すのにぴったりの石なのです。

スピリチュアルな効果 ▶ この石はハート・チャクラを開き、無償の愛や思いやりが、尽きることなく永遠に与えられます。また、眉間の上にあるサードアイ・チャクラ（叡智の目）を開き、予知能力やテレパシーといった霊能をもたらします。

こんな話も ▶ 「無償の愛をもたらす石」として広く知られるローズクォーツ。ところが、古代にこの石が使われた形跡はありません。この美しい石でできたお守りは発掘されていないのです。

豆知識 ▶ 中世のボヘミア（現在のチェコ）では非常に価値ある宝石と見なされ、プラハの聖ヴァー

ツラフ教会の装飾に使われました。チェコの守護聖人でもあったボヘミア公ヴァーツラフ1世は、イングランドのアーサー王と同じように、いざというときにはいつでも国を守れるよう、騎士たちとともに山麓で眠ったとされます。

使い方のヒント ▶ より多くの愛情を望むなら、ベッドのそばに大きなローズクォーツを置いておくとよいでしょう。

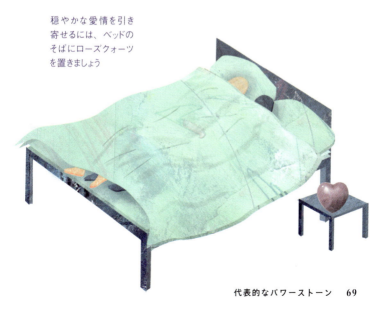

穏やかな愛情を引き寄せるには、ベッドのそばにローズクォーツを置きましょう

シトリン

キャリアに役立つ石

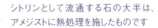

シトリンとして流通する石の大半は、アメジストに熱処理を施したものです

　シトリンは幸福に包まれた寛容な石です。空想ではなく現実に生きることを促してくれます。あるがままの現実を認める勇気をくれます。「類は友を呼ぶ」ということわざの通り、シトリンがそばにあると、日々の暮らしのなかのささやかな喜びに気づいて感謝し、持っているものを他者に喜んで分け与えるようになります。

　あなたが進むべき道を選んだとき、シトリンはその成功を後押しします。日々の生活を充実させながら目標に向かって進み、すべてを楽しめるよう、力を貸してくれます。「好きは上手のもと」という教訓をもたらします。シトリンをポケットに入れておくと、「宇宙と魂がともに自分の成功を望んでいる」という悟りが得られ、夢が実現するでしょう。

安全路線を取り、限界に挑まなければ、情熱と無縁な人生になってしまう。
——ネルソン・マンデラ（1918-2013）、南アフリカの政治家、元大統領

身体への効果 ▶ 自分を奮い立たせ、元気を取り戻したいときには、シトリンが役に立ちます。心身を温め、神経によい効果を及ぼします。

作用する対象 ▶ デトックス、循環器系、エネルギー・システム、胸腺、甲状腺、脾臓、膵臓、肝臓、胆嚢、膀胱、女性器

精神への効果 ▶ 私たちの内面を鎮め、知恵が湧き出してくるような環境をつくります。情報の消化、状況の分析や改善を助け、集中力を向上させます。個性の発揮を促す効果もあります。モチベーションを高め、創造性のスイッチを入れ、自己表現をするよう背中を押します。批判を受けることへの不安を和らげ、建設的な対応ができるようにします。シトリンがそばにあると、前向きな姿勢になり、将来に対して楽観的になれるでしょう。新しいことへの挑戦を楽しんだり、最善の解決策が見つかるまであらゆる可能性を試したりするでしょう。シトリンのペンダントを

代表的なパワーストーン

していると、考えや感情を言葉に出しやすくなります。

感情への効果▶シトリンは自尊心や自信を強める働きをします。気分の落ち込み、不安、恐怖を克服するために使う石として、とても優れています。破滅的な傾向を乗り越える助けをして、人生を楽しいものにしてくれます。「うまくいかないことばかり」という思いがあるなら、シトリンを肌身離さず持ち歩いてください。

スピリチュアルな効果▶魂に喜びをもたらす石です。

こんな話も▶ナチュラルカラーのシトリン、赤いヘマタイト、茶色のブロンザイト、紫のアメジストはすべて鉄を含有しており、色にも鉄の影響が見られます。明るい黄、あるいは茶色のシトリンは、ほとんどがアメジストに熱処理を施したものです。

豆知識▶昔、金運や商売繁盛を呼び寄せるために金庫にしまわれていたため、「商人の石」としても知られています。

使い方のヒント ▶ シトリンは「思いはかなう」ということを知っています。ですから、引き寄せたい対象に意識を集中して、シトリンにその思いを伝えましょう。

シトリンがあれば、大勢の前でも堂々と話をすることができます

代表的なパワーストーン

ブラックトルマリン

護身の石

　電磁波、微弱ながらも感知できる電磁場、送電線や電気機器の振動などに弱い人々にとって、ブラックトルマリンはとても貴重な石です。家のまわりに置くと、負のエネルギーや有害なエネルギーをすべて遮るバリアのような働きをします。電話機、タブレット端末、コンピュータと一緒にしておくのもよいでしょう。嫉妬や呪いから身を守るうえでも、効果抜群です。

　ブラックトルマリンは尾骨のそばにあるベース・チャクラをとおして私たちにエネルギーを送り込み、身体の活力を高める一方、緊張やストレスを取り除いてくれます。通常、鉄を含有する石は負のエネルギーを増幅させる傾向がありますが、この石は、逆に負のエネルギーを弱めてくれます。

トルマリンが、燃える石炭から出た灰をいったん引き寄せてから遠ざける様子は、見ていて面白い。……くるくる回転しながら石に吸い付いていき、しばらくすると今度はそこからピョンと離れるのだ。

　　　　　——テオフラストス（前372頃-287）『石について』より

身体への効果▶ブラックトルマリンは健康や安心の増進に役立ちます。有害あるいは負のエネルギーを遮ってその影響から私たちを守ってくれるのです。脳内の調和を図り、神経回路の機能不全を解消します。免疫システムや甲状腺の働きを刺激します。痛みや関節の腫れを和らげる効果もあります。

作用する対象▶免疫システム、脊柱、運動機能、肺、デトックス

雲母を含む天然の
ブラックトルマリン

代表的なパワーストーン

精神への効果▶ブラックトルマリンは後ろ向きの発想を消し去る効果を持つため、肩の力を抜き、明晰で合理的な考え方をするのに役立ちます。どのような状況のもとでも前向きな姿勢を促します。他人のために何かをしたり、実用に役立つかたちで創造性を発揮したりするうえでは、とても強い味方です。また、後ろ向きの発想や感情にとらわれて、自分自身を傷つけているようなときに、それに気づかせてくれます。

ブラックトルマリンはさまざまな悪影響から私たちをしっかり守ってくれます

感情への効果▶自分と他人についての理解を助けてくれます。深い自省によって不安を追い出し、自信を高めることができるのです。「貧乏くじを引いた」というような被害者意識を克服して、思いやり、忍耐、積極性を持つよう促します。

スピリチュアルな効果▶魂を落ち着かせ、守ります。

こんな話も▶ビルマ産のブラックトルマリンはかつて中国に渡り、高級官僚の帽子用のボタンに加工されていました。

豆知識▶ブラックトルマリンは圧力を受けたときだけでなく、温度が変化したときにも電気を帯びます。光を吸収し、後にそれを放出する性質も持っています。静電気を帯びてものを吸着したり、反発させたりするため、「灰取り石」とも呼ばれます。かつてオランダでは、パイプの灰を取り除くために使われていました。オランダで子どもたちが遊んでいるときに、この石が灰を吸い寄せることに気づいたと言われています。

使い方のヒント▶首にブラックトルマリンを下げていると、うっかり誰かの気分を害するのを防ぐことができます。

ターコイズ

信仰の石

磨き上げられた
ターコイズ

　ターコイズは健康の象徴であり、護身にぴったりの石でもあることから、古くからお守りや魔除けとして使われてきました。保護作用を持つことで知られる鉄を、微量ながら含みます。

　愛情を込めて贈られたターコイズは、幸運をもたらす。
　　　　　　　　　　　——アラブのことわざ

身体への効果▶病人がそばにいると色が薄くなる性質があり、免疫システムや体の繊細な経路を強める働きをします。疲れきった心身に効き、組織の再生や栄養の吸収を促します。古くからの言い伝えでは、ターコイズを浸した水には利尿作用があるそうです。消炎効果があるとして昔から重宝される銅を含有し、鎮痛のほか、けいれん、関節炎などの緩和に用いられます。のどの痛みを和らげる薬として、何千年も前から使われています。成分のひとつであるリン酸は、大量に摂取すると逆効果になりますが、ホメオパシー・レメディのかたちで服用すると振動の効果でのどがすっきりします。

作用する対象▶のど、目、細胞、免疫システム、エネルギーの流れ、栄養の吸収、痛点

精神への効果▶ターコイズは心を強くする効果を持ち、自分を責めたり追い詰めたりする傾向や、被害者意識を和らげます。私たちの内面を穏やかにしてくれる一方、油断を防ぐ効果もあります。創造的な表現を後押ししてくれる石でもあります。

感情への効果 ▶ 気分の浮き沈みを小さくし、心の平穏をもたらします。逆境のせいで落ち込んだ気分を引き上げてくれます。

スピリチュアルな効果 ▶ ターコイズには、魂とのつながりを深め、現実世界と精神世界、両方とのコミュニケーションを充実させる働きがあります。額の真ん中、「第3の眼(サードアイ)」の位置にターコイズを当てると、直感が鋭くなり、瞑想状態に入りやすくなります。

こんな話も ▶ プエブロ・インディアンの伝説で「ターコイズの色は空から取ってきたものだ」とされるように、この石は人類の起源は宇宙にあることを象徴しています。

豆知識 ▶ ターコイズは先史時代から使われており、古くから、悪意から逃れるための素晴らしい力を持つと考えられています。古代エジプトやギリシア・ローマ時代の墓からも、ターコイズでできたお守りや小像が発掘されています。またこの石は、古代エジプト神話の愛の女神ハトホル、ローマ神話の美の女神ヴィーナス、ギリシア

神話の豊穣の女神アフロディテにちなむとされます。アステカ人やアメリカ先住民もターコイズを神聖な石と見なしていました。ヨーロッパには十字軍によってもたらされました。東洋では、乗馬者の安全を願って馬具の装飾にターコイズを用いました。「もし災厄が降りかかっても、この石が身代わりになってくれる」と信じられていたのです。

使い方のヒント ▶ ターコイズに安全への願いを込め、ブレスレットまたはネックレスにして常に身につけていましょう。

安全のためにターコイズを身につけることをおすすめします

アメジスト

瞑想の石

　アメジストは瞑想のお供に最適です。日常の雑事を忘れて、平穏と深い理解の境地を目指すことができるのです。自分の夢を思い出してその意味を解きほぐす助けとなるほか、「第3の眼(サードアイ)」の上に置くと夢の中身が映像として浮かび上がってきます。

　静粛にしていると、明るい光のなかに魂の進むべき道が見えてきて、とらえどころのないもの、理解しがたいものの本質が、浮き彫りになる。
——マハトマ・ガンジー（1869-1948）、政治家にしてインド独立の父

身体への効果 ▶ アメジストは内分泌系（ホルモンを血中に分泌する腺の集まり）の働きをよくします。脳内における神経信号の伝達を助ける役割もあります。枕の下に置いておくと、頭が冴えて寝つけないときに睡眠へと誘ってくれるほか、たびたび悪夢にうなされるようなときにも役に立ちます。古代には頭痛を緩和するために頭にアメジストをくくりつけていました。今日では心身の痛みを取り

除いたり、不安を鎮めたりするために用いられており、多次元細胞療法(セルラーヒーリング)にも効果があります。

作用する対象▶細胞と代謝、内分泌、ホルモン調節、神経伝達、脳の調和、免疫システム、血液、皮膚、呼吸、消化管、心身症

精神への効果▶アメジストは気持ちを落ち着かせ、「今ここ」に静かに集中できるマインドフルな状態に導いてくれます。集中力が高まって気が散らなくなり、判断や決断の助けになります。天然の鎮静剤ともいえる性質を持ち、メンタル・ストレスを和らげる素晴らしい効果があります。

天然のアメジスト・ポイント

代表的なパワーストーン

アメジストは
心の平安をも
たらします

感情への効果 ▶ 中毒の根本原因を突き止めるのに役立ち、依存状態から抜け出す助けになります。不安を抑え、鬱々としていた気分を明るくします。

スピリチュアルな効果 ▶ アメジストは霊性が非常に強く、

瞑想に適した安全で聖なる場所をつくり出します。頭上に置くと、ハイヤー・チャクラを活性化して啓示を受けやすくしてくれます。

こんな話も▶アメジストは「酒に酔わない」という意味を持ち、何千年も前から酩酊を防ぐお守りとして使われてきました。

豆知識▶神話によると、酒の神バッカスが狩猟の女神ダイアナのせいで気分を害し、怒った勢いで「森で最初に会った相手は、私のトラの餌食になるだろう」と言い放ったそうです。トラと鉢合わせしたのは、アメジストという名の美しい少女でした。助けを求めたアメジストは、ダイアナによって白く輝く石に変身させられます。バッカスが贖罪の気持ちを込めてその石にワインを注いだため、アメジストは紫色になったといいます。

使い方のヒント▶仰向けに寝て、頭上にアメジストをポイントを下向きにして置き、もうひとつのアメジストをやはりポイントを下向きにして「第3の眼」の位置に載せます(左ページのイラスト参照)。目を閉じると、全身が安らぎに包まれるでしょう。

セレナイト

スピリチュアルな石

手のひらに載るように磨いたセレナイト(セレナイト・パームストーン)

　半透明のセレナイトは振動数がきわめて高く、頭上に位置するハイヤー・チャクラを開いて、天使の意識や霊的な導きに触れる機会を与えてくれます。独特な波動をもたらす、ひときわ強いパワーを持った石です。

　セレナイトは古くから「聖なる光を宿す氷」と見なされてきました。触れたものすべてに聖なる光を与え、人体と地球のエネルギー波動を高めます。感情エネルギーを変

化させる力に優れ、心因性の病気や感情障害などを引き起こす有害な感情から私たちを解き放ってくれます。まるで新しいコンピュータ・プログラムをインストールするように、波動を高めるための空間をつくり出すのです。この波動の上昇はしばしば「アセンション」と呼ばれます。

宇宙は凍った光でできている。
　　　——デビッド・ボーム（1917-1992）、アメリカの科学者

身体への効果▶セレナイトは脊柱を矯正して柔軟にしますが、最も強い癒し効果を発揮するのは身体レベルではなくエネルギー・レベルにおいてです。歯科用アマルガム（水銀を含む合金）や遊離基(フリーラジカル)による害を抑える目的でも使われます。

作用する対象▶脊柱、関節、胸、神経、思春期、更年期

精神への効果▶混乱を解消して本質をとらえるよう促すことにより、明晰な思考を可能にしてくれます。セレナイトをそばに置いて瞑想すると、潜在意識のなかで起きていることを意識し、理解することができます。判断や洞察の助けにもなります。

感情への効果▶感情の浮き沈みを小さくし、安定させる働きがあります。

スピリチュアルな効果▶セレナイトを握っていると、高次の領域とつながることができます。高波動のチャクラを刺激して、霊能を引き出してくれるのです。前世からの悩みを探り当て、最適な解決法を示します。

こんな話も▶13世紀にカスティリヤ（現在のスペイン）の賢王アルフォンソ10世の指示で編まれた『宝石誌』には、セレナイトは満月の光の下でしか見つからないと記されています。この石は古代からてんかんの治療に効くとされ、『宝石誌』にも同様の記述があります。

豆知識▶セレナイトは昔から、世俗的な世界と神聖な世界との接点と見なされてきました。「聖なる光の結晶」とも呼ばれ、ギリシア神話の月の女神セレーネや古代メソポタミアのニヌルタ神と縁のある石です。

使い方のヒント▶セレナイトを頭上にいただくと、この上なく強い霊性とつながることができます。

セレナイトは神聖な光との架け橋になってくれます

クォーツ

安全で聖なる空間をつくる石

　埋蔵量が極めて多いクォーツは、癒しの石の代表格です。その優れた治癒力は、太古の時代から世界中で知られていました。

　クォーツは、癒しを必要とする人やスピリチュアルな仕事をする人に、波動をとおして必要なエネルギーを送り込みます。病気になったり不調に陥ったりする前の、最適に近いエネルギー状態に戻してくれるのです。魂を浄化する強い作用によって病気の原因を取り除き、感情のフィールドから邪念を消し、心を澄んだ状態にします。

『博物誌』で知られる古代ローマの大プリニウスは、クォーツの多くに欠点があると嘆いています。はんだのようなゴツゴツした付着物がある、なかに水が入っている、濁りや斑点がある、赤錆がちらつく、内部に糸のようなものが見える……というように。ですが今日では、これらすべてが素晴らしい美点として称えられています。
——ジュディ・ホール『厳選101パワークリスタル』より

身体への効果▶クォーツは身体の不調を癒し、調和の取れた状態にします。細胞の再生や血圧の安定に寄与します。含有物のシリカケイ素には、細胞に酸素を運んで健全な状態に保つほか、免疫システムの土台をつくる効果があります。

作用する対象▶身体とオーラ体の構成要素すべて、ミネラルの吸収

精神への効果▶記憶を呼び醒まし、集中力や明晰さをもたらします。

天然のクォーツ・ポイント

代表的なパワーストーン

感情への効果▶やさしく効果的に感情を浄化します。積もり積もった垢を取り去って、感情を前向きにします。

スピリチュアルな効果▶クォーツは意識向上に役立ちます。「天然のコンピュータ」さながらに情報を蓄えること

クォーツは、脳波を調整して瞑想に入りやすくしてくれます

ができ、スピリチュアル関連の「図書館」として、利用されるのを待っています。

こんな話も▶古代ギリシアの聖職者オノマクリトス（前5世紀）は、「クォーツを持って寺院に足を踏み入れると、神がクォーツの力にひれ伏して、願いをかなえてくれる」と書き残しています。

豆知識▶アメリカ先住民は、クォーツを「母なる地球の脳細胞」と呼び、揺りかごのなかに入れました。こうすることにより、産まれたばかりの赤ん坊が地球とうまくつながれるようにと願いをかけたのです。クォーツには圧電効果があり、電気エネルギーを生み、蓄え、伝達することができます。この石がなければ、コンピュータは作動せず、ラジオの原型は誕生せず、電力の普及もままならなかったでしょう。

使い方のヒント▶大きなクォーツを置くことで、その周辺に安全で聖なる空間を創り出し、自分の霊性の及ぶ範囲を広げることができます。

スモーキークォーツ

暮らしに役立つ石

天然のスモーキークォーツでできた柱状ポイント

　スモーキークォーツは、地に足の着いたぶれない生き方を目指すときに使う、代表的な石です。護身やデトックスのほか、非常に多くの効果を持つ「癒しの石」でもあります。電磁波による汚染やストレスを和らげ、さまざまな負のエネルギーの影響を打ち消します。

　足元や背骨の底部にスモーキークォーツを置くと、体幹の安定性が高まります。負のエネルギーを追い出すにはポイントを外側に向け、エネルギーを取り込みたいと

きは内側に向けます。地球の癒し(アース・ヒーリング)や家の片づけにも素晴らしい効き目を発揮します。

正義はすすけた家に宿り、徳や高潔さを称える。しかし、手の汚れた人々が住む金ぴかの豪邸からは、目を背けて立ち去る。
——アイスキュロス（前 525-456 頃）『アガメムノン』I.77387

身体への効果 ▶ スモーキークォーツは、腹、腰、脚の病気に極めて効果があります。痛みを和らげ、けいれんを抑えます。古くから背中と神経を強化するとされるほか、肝臓などの排出系器官による排毒を促します。

作用する対象 ▶ 腹、脚、足、筋肉、神経、生殖器官、排出器官、ミネラルの吸収、体液調節、デトックス

精神への効果 ▶ ストレス耐性の強い石であるため、逆境にも慌てずに決意を固める助けになります。生存本能が衰えているときや、エネルギーを使い果たしたと感じるときは、活力や生きる意欲を甦らせてくれるでしょう。前向きで実際的な発想や良識的な解決を促し、奥深くに宿る才能に気づくきっかけをつくってくれます。

感情への効果▶スモーキークォーツは、好ましくない感情を追い出して安定をもたらします。調和の石でもあり、役に立たなくなったものを捨てる方法を教えてくれます。不安を和らげ、沈んでいた気分を明るくし、感情を穏やかにします。肉体を受け入れる助けをすることにより、心身の不一致を解消します。

スピリチュアルな効果▶脳のアルファ波とベータ波を調節して、リラックスした状態と覚醒した状態をスムーズに切り替え、瞑想にふさわしい無我の境地へと導いてくれます。

こんな話も▶スコットランドの王笏（おうしゃく）（君主の持つ杖）には大きなスモーキークォーツが使われています。

豆知識▶スモーキークォーツは魔術師にとって無くてはならない七つ道具のひとつでした。エリザベス１世お抱えの占星術師ディー博士（1527-1608頃）は、スモーキークォーツでできた水晶玉を使って女王の統治を助けました。

使い方のヒント ▶ 有害なエネルギーを寄せ付けず、厄を払うために、家のなかに大きなスモーキークォーツを置いておきましょう。折に触れて浄化することも忘れずに。

大きなスモーキークォーツは、有害なエネルギーから家を守ってくれます

ジュディ・ホール

パワーストーンの権威。著書は40冊を超え、『クリスタルバイブル』は世界的なミリオンセラーとなった。ヒーリング、カルマ占星術、前世セラピーの分野で45年以上の経験を持つ。『ワトキンス・レビュー』誌の「スピリチュアル分野で最も影響力を持つ100人」に2011年から連続で名前を連ねている。邦訳された著書に『クリスタルバイブル』『新クリスタルバイブル』『厳選101パワークリスタル』(すべて産調出版)などがある。

パワーストーンの小さな事典
心と身体の健康をかなえる17の石のお話

2016年7月15日　第1刷発行

著　者	ジュディ・ホール
訳　者	Lurrie Yu
発行者	長坂嘉昭
発行所	株式会社プレジデント社
	〒102-8641
	東京都千代田区平河町2-16-1
	電話　編集(03)3237-3732
	販売(03)3237-3731
装　丁	ナカミツデザイン
編　集	中嶋愛
制　作	関結香
印刷・製本	凸版印刷株式会社

Illustrations by Abigail Read
Original book design by Isabel de Cordova

©2016 Lurrie Yu
ISBN978-4-8334-2183-6

Printed in Japan